AF366394

# ¡SOY UN SOLETE!

Ángela Poza Fresnillo

© Ángela Poza Fresnillo
© Bubok Publishing S.L., 2012
1ª edición
ISBN: 978-84-686-1621-6
ISBN ebook: 978-84-686-1622-3
Impreso en España / Printed in Spain
Ilustraciones y portada de Isabel Nadal

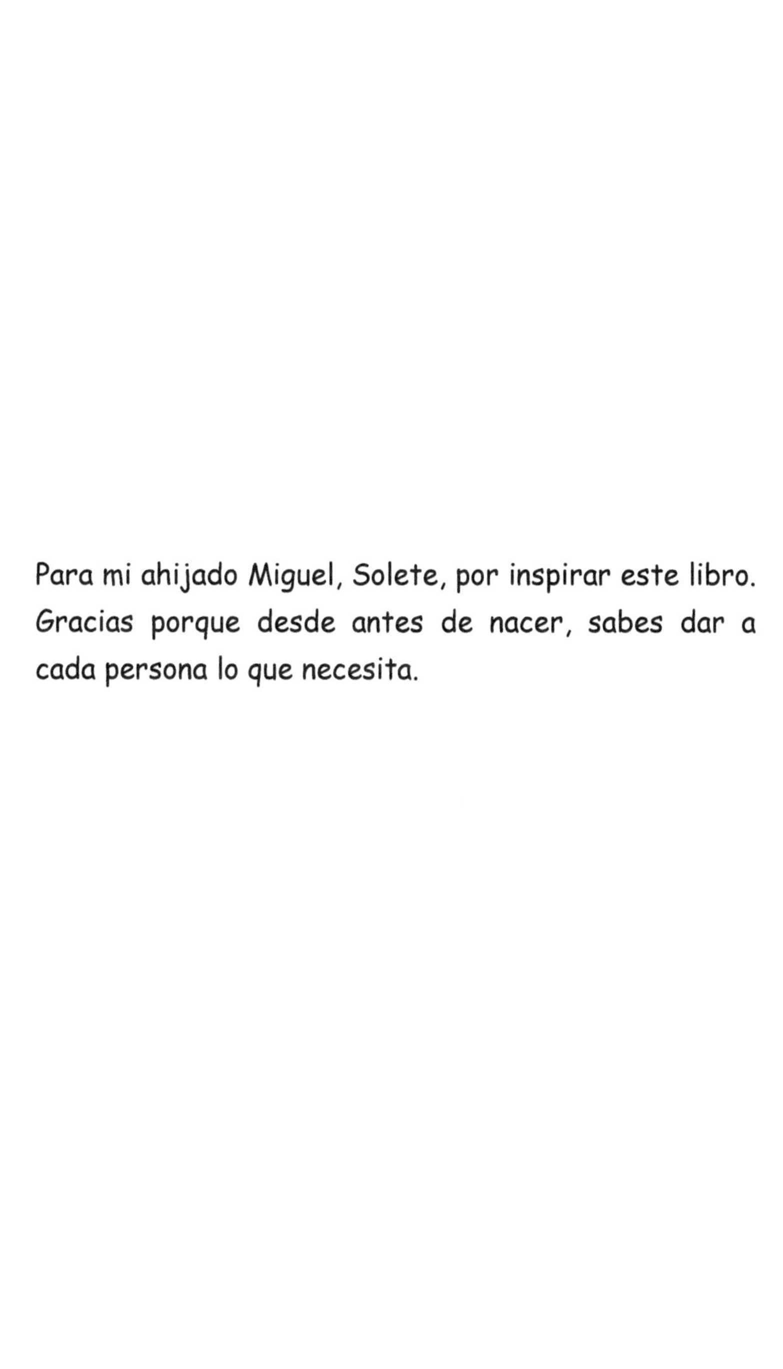

Para mi ahijado Miguel, Solete, por inspirar este libro. Gracias porque desde antes de nacer, sabes dar a cada persona lo que necesita.

I.     EN LA TRIPA DE MAMÁ


"La primera tarea de la educación es agitar la vida, pero dejarla libre para que se desarrolle"
María Montessori


"Si la ayuda y la salvación han de llegar sólo puede ser a través de los niños. Porque los niños son los creadores de la humanidad"
María Montessori


"He llegado por fin a lo que quería ser de mayor: un niño".
Juana de Ibarbourouç

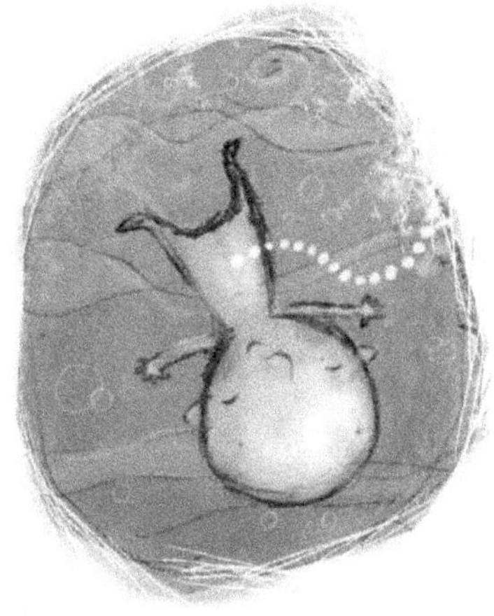

Meri y Miguel se levantan radiantes esta mañana. Por fin ha llegado el día, por fin. Sólo quedan unas horas para la gran sorpresa.

– ¿Qué le pasa a mamita hoy? – Piensa la criatura mientras nada  a sus anchas en el agua mágica–. Es un agua extraordinaria, me rodea por completo, me alimenta, me protege, me transmite todo lo que pasa ahí fuera y me ayuda a seguir en contacto con el lugar del que vengo: la luz. El abuelo y los bisabuelos me han enseñado a hacer muchas cosas… espero estar a la altura para que les reconozcan en mis gestos.

Solete, que así se llama de momento, siente a su mamá emocionada con un rostro de sonrisa inmensa y saborea el beso exquisito que su papá le ha dado esta mañana.

Veo cómo se quieren. La luz me ha guiado hasta aquí, les he elegido como papis y sé que lo harán genial. Nos queda toda la vida para conocernos, pero por ahora, yo llevo ventaja… mamita come despacio, le gusta hacer las tareas a un ritmo suave y constante, con gran responsabilidad; ¡ah!, también sabe escuchar. Sé que papá es gracioso y muy listo, sabe lo que me pasa sin verme. Pero lo que más me gusta es la ternura que tienen, lo que se quieren y admiran y lo que me adoran a mí. ¡Y eso que no me conocen! Hasta tocan juntos el violín y el piano. La verdad, lo agradezco, porque cuando escucho música me recorre una sensación de bienestar increíble. Mamá corre un poco, saluda a papá. Papá nos da un beso. Subimos unas escaleras. Esperamos. Mamá se mueve para  tumbarse. Algo me aprieta desde fuera. ¡Me quieren  coger! Pero  no  pueden, Solete está  bien protegido. Me intentan agarrar por aquí, por allá y yo me escapo. Ahora se han quedado quietos. Mamá llora de alegría y yo también cuando escucho a papá decir:

– ¡Mira sus manitas!, está saludando.

Pues claro que les estoy saludando y  grito que les quiero mogollón. Enseño los dedos de la mano, del pie; abro y cierro mis ojos, ¡no sé que más hacer! ¡Estoy hablando con mis padres! Es como si recibiera kilos y kilos de energía. No puedo parar de reír...

Mis padres se abrazan. Los tres somos un SOL.

Mamita está relajada...es cuando más alimento recibo y llega oxígeno a tope. Me cuenta que tiene ganas de ver mi cara y de apretarme fuerte.

- ¡Piiiii!

Mamá se levanta. Es el silbato del niño que vive en la casa de al lado.

- Buenas tardes, Daniel- dicen mis padres.
- Buenas tardes. Hola Solete.

Me está hablando a mí. Este chico sí que sabe.

- ¡Piiii! - escucho de nuevo.

- Atención el tren va a salir con destino a Barcelona, ¡pasajeros al tren!
- Chucu, chucu, chucu, suena a lo lejos mientras Daniel grita ¡Adiós, buen viaje!

¡Qué chulada! Yo también quiero hacer sonidos así. Me pongo a nadar en esta agua fantástica y chapoteo. Muevo los labios y salen sonidos estupendos pero por más que lo intento no logro el chucuchucu. De pronto mi dedito se coloca en mi boca. ¡Qué divertido! Intento sujetarlo dentro porque se quiere escapar y escucho: "chuc, chuc, chuc..."

No, no, no es Daniel. Soy yo que lo he conseguido.

¡Tengo ganas de marcha!- dice Solete esta mañana. Mi mamá lleva mucho tiempo durmiendo, yo también hago lo mismo de vez en cuando.

¡Qué bien! Por fin mamá se mueve, debe de estar contenta porque siento que está bailando, adelante, hacia atrás. Se ha parado. Me llega un calor intenso que me aprieta y escucho el beso de papá.

-    Buenos días, Solete- susurra.

Me encanta que me den besos. Ahora escucho más besos de mamá a papá y de papá a mamá. Se despiden, yo intento fabricar un beso y mientras lo hago tomo este líquido tan rico que me rodea.

Mamá se ha sentado. Siento como mueve los brazos para tocar algo con los dedos. Un sonido  se repite, creo que me gusta.

    - DO; DO; DO- oigo cantar a mamá-lo que suena es el piano, Solete. Noto el sonido en los pies. ¿Para qué podré utilizar este par de elementos?, ¿Podrán aguantar mi peso? Toco con los pies  mi cabeza. ¡Soy una pelota!

-    RE; RE; RE- tararea  mamá con eso que llama piano, debe de ser enorme porque suena mucho. Me recorre como una burbuja por dentro. Muevo mi culete al ritmo de la música. Me estiro un poquito. Siento el líquido vibrando en cada poro de mi piel.

- MI; MI; MI- suena otra nota. Me siento feliz. Mi cuerpo va creciendo, ya soy muy grande. Hace poco era una fresita y ahora tengo cabeza, cuerpo, brazos, pies. ¡Quiero moverme! Soltar lo que tengo aquí dentro.

- FA; FA; FA- muevo mis manos. Siento el sonido en mi garganta.  Yo creo que soy muy guapo, ¿Cómo serán mamá y papá? Quiero decirles tantas cosas…me estoy llenando de ganas de pasarlo bomba.

- SOL; SOL; SOL- tiene que haber una manera de contaros todo lo que me pasa. Con cada sonido que escucho me voy estirando más y más. Abro mi boca, la cierro y suena algo. Estiro mis brazos, mis pies. Abro los dedos como si fuera una rueda grande.

- LA; LA; LA – canturrea mamá. Voy a conseguir que sepan cómo me siento.

- SI; SI; SI - es una fuerza aquí dentro, como si el sonido que escucho me resonara por dentro. Me estiro totalmente, sigo abriéndome todo lo que puedo y más, muevo las manos y los pies…comienzo a girar rozando con la punta de mis dedos el saco que me rodea. ¡Estoy tocando a mamá! ¡Quiero que sepa que soy feliz!

- DO; DO; DO.  Mi mamá se ríe, moviéndome con sus carcajadas. Yo sigo girando, es superdivertido.

-Pero Solete, me estás haciendo cosquillas. Creo que te ha encantado la escala musical. ¿Repetimos?

Estoy tranquilo, a gustito. Soy Solete y vivo en la barriga de mamá. Algo  suave me aprieta por arriba y después poco a poco me deja mucho sitio, es mamá que está respirando profundo. Me encanta. Lo hace varías veces al día pero el momento que más me gusta es cuando está papá. Le escucho cada día con las mismas palabras, susurros, silencios. Y llega el momento en que su voz es tan emocionante que algo se dispara en mí. Son mis manos y pies que se mueven sin parar.

Mamá dice:

-No hay duda Miguel, a Solete le encanta tu historia.

Papá contesta:

-Cuando nazca seguiré contándole el cuento. ¿Crees que se acordará?

# ¡QUÉ BONITO SOY!

- Solete, hoy vamos a hacerte la ECO en 3 dimensiones.

- ¡Tengo unas ganas!- contesta papá. Vamos a poder verte tal y como estás dentro de la barriga.

Me vuelven a apretar por todas partes como hace unos meses.

Mamá empieza a preguntar:

- ¿Y esas orejas tan preciosas?

"Son para escucharos mejor"- pienso.

- ¿Y estos pies tan grandotes?

"Para moverme mejor".

- ¿Y esta mano tan increíble?

"Para chapotear mejor."

- ¿Y estos ojazos?

"Para veros superbién".

- ¿Y la nariz tan linda?

"Para oleros mejor"

- ¿Y esta boca tan enorme?

"Para comeros también"

Abro la boca grande y doy un bocado a la tripa de mamá

"¡Qué rica me sabe!"

# DAR A LUZ

La cueva se mueve con una fuerza increíble. Estoy un poco asustado.  Las paredes empujan hacia abajo y cada vez avanzo a más velocidad.

Imposible  chuparme el dedo, ¡con las ganas que tengo! pero el espacio es ya muy pequeño y sólo queda dejarme llevar. Algo se aproxima.

Comienzan a llegar destellos mientras avanzo a gran velocidad y justo cuando siento que me caigo, unas manos me reciben con chispas de luz. Un soplo me penetra dentro, es como el agua mágica que me rodeaba en la cueva, pero no lo puedo tocar. Escucho algo.

-¡AHHHHH!- ¡Soy yo que le grito a la vida!

Me llegan con gran claridad las voces que me han acompañado este tiempo, me siguen llamando Solete.

Muacs- muacs sonorísimos recibo en  la cabeza, las orejas, las mejillas, una mano,  la otra, en  la espalda, el culete, en los pies. ...Son besos deliciosos.

Siento mi piel sobre su piel,  me abraza el calor y el aroma de allí dentro. Sé que tengo que buscar. Muevo la cabeza por dónde me indica el olfato  y por fin lo encuentro. Abro grande la boca y chupo. ¡Qué sorpresa! Es un agua mágica que me recuerda a la que bebía en la cueva.

Sabía que algo grande me esperaba, ¡me encanta la tetita de mamá!

# PARTE II: LO PRIMERO QUE APRENDO

"Enseñarás a volar, pero no volarán tu vuelo
Enseñarás a soñar, pero no soñarán tu sueño
Enseñarás a vivir, pero no vivirán tu vida
Sin embargo…
En cada vuelo, en cada vida, en cada sueño, perdurará siempre la huella del camino enseñado".
Teresa de Calcuta

Miguel lleva tres semanas en su nueva casa. Todo es un mundo para él porque es un recién nacido. Al verle tan chiquitín, con esa cara de re-listo y unos ojos que iluminan todo lo que miran, no me extraña que le llamemos Solete.

Una tarde comienza a llorar de una forma distinta, ¡qué digo llorar, chillar! Se pone rojo explosivo, encogiendo y estirando las piernas. No hay forma de calmarlo. Vuelve a sucederle un día, otro y otro más.

Todo el mundo opina al respecto: que si le duele algo, que si tiene un gas, que si hay que cogerlo así... Lo del gas me intriga mucho y le pregunto a la abuela sobre el tema.

- Es un aire, lo que suele echar después de mamar.

- ¡AHHH!- digo yo- un eructo, una de esas cosas que Solete puede hacer y los demás no podemos porque somos mayores.

- Exacto. ¿Qué tal te parecería que yo me hiciera las cacas encima?

- ¡UYYY! No digas tonterías, abuela.

Se me hizo un nudo en la garganta al ver llorar así a mi primo. Fue entonces cuando llegó la tía Amelia. Lleva a Miguel en sus brazos y, mientras Solete inicia su serenata, le dice suave, muy suave:

-Solete, tranquilo, vamos a mandar al enfado lejos, muy lejos, al monte. El enfado se lo lleva un cabritillo. ¡Dile adiós, porque se tiene que ir al campo que es donde está contento!

Sí, señor, esto sí que es una explicación al fenómeno. ¡Solete se ha callado!

La lluvia de opiniones no se hizo esperar, todos coinciden en la casualidad, todos, menos yo. Me deja supertranquilo saber que el enfado se lo lleva  el cabritillo  al monte y estoy seguro que a Solete también.

Al día siguiente, espero ansioso el momento de la llantina. Cuando comienza, su madre lo toma en brazos y le cuenta la historia de la tía Amelia pero Solete responde a medias, porque llora menos, pero llora.

-   La tía Amelia se lo dijo muuuuuy suaaave- le digo.

Y en un tono tan suave como los besos de mamá, escucho:

-   Solete, el cabritillo se va a llevar el enfado al monte.

Silencio.

Solete  se ha dormido.

# EL SUSTO

Silencio, shhhhhhhh estoy durmiendo: ¡Qué a gustito!

¡Crash! Escucho muuuuuy fuerte, tanto que todo mi cuerpo retumba.

Nadie por aquí, nadie por allí. ¿Y mi mamá, y mi papá y los abuelos, los tíos, los primos? , no siento sus brazos ni sus voces.

Quiero que venga mamá, me apriete fuerte y me dé tetita. ¿Cómo puedo llamarles? Me muevo mucho en mi cuna y entonces me sale: abro la boca grande y comienza a salir una voz fuerte como si mi boca se abriera de par en par como una ventana.

- ¡Guaaaaaahhhhhhhh!- grito- y salen de mis ojos unos chorritos de agua.

No me da tiempo a seguir con la serenata. Los brazos de mamá me rodean fuertes. Escucho esa nana que me encanta. Se cierra mi boca y luego, también mis ojos.

Mamá me susurra: -Se ha roto un vaso que se cayó al suelo, por eso has oído semejante estallido...Pero ya no le escucho porque me he vuelto a quedar frito.

"Hoy pasa algo, lo sé, todos están muy contentos. Especialmente mi papá.

Creo que puede ser por las carcajadas que nos echamos juntos, o porque me ve feliz comiendo tetita. ¿Qué pensará mamá?"

"Cuando termine de mamar, seguro que me coge papá y me enseña cosas. Como ya tengo cuatro meses, me sale algo por la boca que me ayuda a decir "Ajjjo" y "ba, ba, ba". Cuanto más muevo la lengua, más saliva sale y así puedo jugar con mis dedos. ¡Qué divertido!

Papá me mira con ojos intensos que me comen. Cuando estoy con él, una sensación de inmensa tranquilidad me recorre al tiempo que quiero ver y descubrir todo lo que me rodea.

¡Feliz cumpleaños!- dice mamá a papá.

"Lo sabía, hoy es un día distinto. Papá me sigue mirando con sus ojos bondadosos y una boca tan abierta como la mía.

-   ¡Qué día tan especial!- dice papá- a los dos se nos cae la baba.

Son grandes como el cielo. Calientes y tiernos como el pan recién hecho. Esta es mi colección:

El del abuelo sabe a palomita de maíz suave y crujiente

El de la abuela sabe a fruta fresca y rica

El del primo sabe a chocolate caliente

El de la madrina sabe a cuentos y flores

El del padrino sabe a jamón salado y divertido

El de los primas sabe a risas y cosquillas

El de papá sabe a zumo de naranja que me pone las pilas

El de mamá sabe a música que se me cuela por todas partes.

¿Y sabes de qué es mi colección?

SON ABRAZOS.

# CON MI DEDO

Con mi dedo señalo los ojos de papá
Con mi dedo pruebo papilla de frutas
Con mi dedo digo por dónde quiero ir
Con mi dedo abro la boca a mamá.

Pero lo que de verdad me gusta
Es con mi dedo hacer magia
Con mi dedo aprieto fuerte, fuerte
Y se hace todo de color:
¡Porque he encendido la luz!

# LAS CARAS

Hoy han venido los abuelos, los tíos, primos y amigo a casa. ¡Cuánta gente! Pongo cara de sorpresa.

Doy mis primeros pasos de la mano de mis padres pero ¡pum, cachiporrazo! Me caigo y pongo cara triste.

- No te preocupes, cada día caminas mejor- me dice mamá- Pongo cara de ¡Gracias!

De pronto aparece alguien con gorro y nariz colorada. No le he visto nunca y pongo cara de susto.

El payaso hace cosas divertidas. Le quito la nariz roja y pongo cara de pillín.

Traen la tarta con una vela encendida. Todos cantan "Cumpleaños feliz". Pongo cara de risa.

Soplo la vela con ayuda de mis primos y pongo la cara que más me gusta... ¡Cara de contento!

# CACHIPORRAZOS

¡Qué miedo!

Me he vuelto a dar un cachiporrazo contra el pico de la mesa. Tengo un chichón morado en la frente que duele y duele. Cada tres por dos aterrizo y lloro. ¡Vaya sofocón!, me he golpeado la frente, la mano, el culete...no lo volveré a intentar, seguro que me vuelvo a caer.

- ¡Aúpa Solete!- dice mamá.

- No, no, no- contesto.

Pero mamá con un beso grande me levanta. Agarro su dedo con fuerza. No dejaré que me suelte. Llego hasta la mesa y me sujeto con las dos manos, mamá está un poco lejos. Quiero ir hasta el sofá a por el pío-pío.

"¿Y si me vuelvo a caer?"

Pongo un pucherito para protestar, cuando le veo. Es un niño con alas que sonríe. Me ofrece su mano.

- ¡Vamos, campeón! Yo te ayudo- susurra.

De pronto avanza volando y me lleva de la mano hasta el sofá.

- Enhorabuena, Solete. ¡Ya sabes caminar sólo!- grita mamá.

Ahora me gustaría llevar al Pío-Pío a la cocina para que vea a la tortuga.

Busco al niño con alas pero no le veo. Suelto una mano, suelto la otra y en el momento que me toca levantar el pie, aparece. El ángel coge mi mano:

- Ánimo, campeón- me dice- yo siempre estaré contigo.

Y desde entonces camino sólo.

## CAIDO DEL CIELO

Hoy nada más despertarme he visto a la abuela. Me ha regalado uno de sus requetebesos sonoros. Yo le he contestado con uno de mis abrazos de cosquillas. A la abuela puedo abrazarla entera, a mamá no porque tiene barriguita.

- ¿Dónde están mamá y papá?

- Con una amiga, preparándote una sorpresa en su habitación.

- ¿Para mí? , ¡Viva!

- Oye, abuela y, ¿me puedes dar una pista? , sólo una, porque si no, ya no sería una sorpresa.

- ¡Vale, Solete!, no es una cosa, es una persona y lleva muchos días esperando conocerte.

- ¿A mí?

- Sí, sí.

- ¿Y por qué ha esperado tanto?

- Porque se estaba preparando,  como tú lo hiciste hace tres años.

- Seguro que se habrá puesto muy guapa.

- Seguro.

- ¿Y dónde ha estado todo este tiempo?

- En el mejor lugar.

- Para mí, el mejor sitio es mamá...

En ese momento, me acordé de lo que hice ayer por la tarde: escoger el avión de papel que mejor volaba, susurrarle un deseo y lanzarlo rumbo al cielo había sido tan emocionante... ¿Habrá llegado hasta el abuelo?

Se abre la puerta, entra  papá. Tiene cara de requetecontento, pero...no trae nada.

Me coge en brazos achuchándome. Vamos a la habitación. Allí está mamá con mi regalo.

Abro los ojos grandes, grandes, enormes, miro al cielo y digo:

- Gracias abuelo, por fin llegó mi sueño ¡Qué hermana más guapa tengo!

# BIOGRAFÍA

Ángela Poza Fresnillo nace en Madrid.

Trabaja como médico. Cree que los sueños construidos desde la realidad, se cumplen, incluso mejor de lo que imaginamos. Por eso sus cuentos están llenos de realismo mágico.

Le carga las pilas: el mar, la familia, la música que le hace vibrar, la ternura y risas de los niños, bailar, la oración, las conversaciones con luz propia, recorrer el mundo en buena compañía, escribir cuentos para nuestro niño interior y los paseos por la luna.

Desea que sus cuentos sean para ti fuente de energía y crecimiento.

Es coautora de *Fábrica de cuentos* (Ed. Alfalfa, 2008), *Minimicrocorticuentos* (Ed. Musivisual, 2010); *¿Por qué? ¿Por qué? ¿Por qué? Respuestas fantásticas para niños  curiosos* (Ed. Pierrot, 2011), *Cuentos y Leyendas de aquí y de allá* (Ed. Verbum, 2012). Es autora de: *¡Qué viene el coco! Y más cuentos* (Ed. Emooby, 2011) y del blog: elchefdelasvitaminasencuentos.blogspot.com